AF279720

Agustín Hervás Cobo

Poemario de Ubud

Agustín Hervás Cobo

Poemario de Ubud

Colección
Dabisse Romero

Primera edición: febrero 2024

ISBN: 978-84-127634-9-2
Depósito Legal: MA 38-2024

Impresión y encuadernación: Podiprint

Directora de la colección: Isabel Romero

Diseño y maquetación: Editorial Anáfora
Prólogo: Pedro J. Plaza González
Fotografía de portada: Agustín Hervás Cobo
Fotografía de solapa: Fernando Bonilla

Edita: Editorial Anáfora
www.editorialanafora.com
info@editorialanafora.com

El agua resuena en la distancia y el frío húmedo
del invierno atraviesa el mismo lugar de siempre.
¡Un aroma de otoño tras las paredes!
¡La densa niebla se deshace sobre sí misma!
Un frío invernal atraviesa el silencio inmóvil del cauce.
No sé dónde voy, ¡pero voy caminando sobre los días!

Isabel Romero

«¡Gracias, Isabel, por todo lo que nos das!»

PRÓLOGO

«Sí, Bali no es, pero está en Asia»:
la pertenencia del *Poemario de Ubud*,
de Agustín Hervás Cobo, a la lírica de viajes

«Ancora e ancora credo che il viaggio,
il mio viaggio, sia fatica e bisogno»
Lorenzo Cittadini,
Fiori selvaggi

Cuando el poeta jiennense, afincado en Marbella, Agustín Hervás Cobo (1959) me envió, con gran generosidad, con inmerecida confianza en mi labor y con un ápice de ternura, su preciado *Poemario de Ubud* con la esperanza de que yo pudiera prologarlo merced a algunas pocas palabras, tuve de inmediato la sensación de encontrarme no ante un poemario —o no solo ante un poemario al uso—, sino más bien ante un diario de viaje, un cuaderno de bitácora si se quiere, por lo que cavilé que este tomito de versos también podría haberse llamado *Diario de Ubud* —y todos habríamos pensado, en consecuencia, en el fundador *Diario de un poeta reciencasado* (1917), de Juan Ramón Jiménez— o, mejor, *Cuaderno de Ubud* —y habría acudido a nuestra memoria prontamente el superventas *Cuaderno de Nueva York* (1998), de José Hierro—. No obstante, del acerta-

11

do título de *Poemario de Ubud* podemos extraer, al menos, dos informaciones paratextuales importantes: la primera, que Hervás Cobo ha optado por privilegiar en su concepción artística la poesía por encima de la escritura de viajes; la segunda, que este se inclinó por internarse en el sudeste asiático, lejos de los tópicos diseminados por tantos otros enclaves occidentales, en la misma sintonía que literatos y publicaciones precedentes tales como Guillermo Díaz-Plaja y sus *Poemas de Oceanía* (1972), Antonio Gala y *El poema de Tobías desangelado* (2005) o Verónica Aranda y sus poemas de su estancia en India contenidos en *Cortes de luz* (2010). A partir de este hilo de pensamiento que se ha ido tejiendo y entretejiendo en sus varias y superpuestas lecturas, a partir de esta línea de investigación filológica que a mí tanto me interesa, creo que puedo afirmar —sin temor alguno a equivocarme— que este nuevo libro con que el prolífico y laureado autor de Mancha Real nos obsequia, haciendo gala de su habitual dominio poético, ha de inserirse dentro del rico y amplio género temático de la literatura de viajes, consintiendo siempre este, desde sus estrofas, un diálogo muy fructífero entre el ser humano —el sujeto lírico que nos guía— y la urbe —la ciudad indonesia de Ubud y la isla de Bali, por más señas—.

Sería conveniente rastrear, en este sentido, a lo largo y ancho de sus hojas, algunas de las características definitorias del género —la elección del motivo del viaje como eje temático axial en la *inventio*, la predominancia del discurso descriptivo en la *dispositio* o la emisión desde la primera persona en la *elocutio*— y algunos de sus principales lugares comunes —la llegada, el clima, la gastronomía, la música, los habitantes, los olores, la flora, la fauna, la geografía, la arquitectura, las religiones, las mitologías, las leyendas, los monumentos, la despedida, la nostalgia—, siguiendo, esencialmente, las coordenadas teóricas delineadas por Idoia Arbillaga en su celebrado volumen acerca de la materia, *Estética y teoría del libro de viaje: El «viaje a Italia» en España* (2005), y procediendo para ello con una metodología de carácter deductivo, en tanto en cuanto la aproximación irá desde los rasgos generales de la literatura de viajes hasta el caso particular del *Poemario de Ubud.* No obstante, cabe realizar, antes de acometer tal empresa, una mínima reflexión al respecto. Si con este acercamiento crítico nos convencemos, a la postre, de dicha asunción, hemos de ser conscientes de que nos hallaremos ante una *rara avis* del horizonte literario actual, puesto que la poesía no ha sido estudiada ni debida ni suficientemente como posible receptáculo de la tradicionalmente bautizada como literatura de viajes, antojándose más que oportuno el acuñamiento de un nuevo marbete, el de *lírica de viajes,* es decir, aquella poesía que recoge los acontecimientos, los sentimientos y las impresiones de un viajero, pudiendo tratarse tanto de viajes reales como de viajes fantásticos. Acompañemos, entonces, a Agustín Hervás Cobo en su maravilloso periplo por Bali y por Ubud, el cual acaeció en el año 2017.

El primer poema del conjunto, «Bali no es Asia», parece invitarnos a la llegada al país en cuestión, en medio del otoño, presentándonos un clima inverso al esperado por un occidental: «Noviembre. Arde el sol a las nueve / como el sol de nuestro agosto arde». Pero el yo poético no se sorprende únicamente al descubrir las diferencias con el sitio del que procede —punto de referencia y de anclaje en nuestro eterno divagar—, sino, asimismo, al descubrir cuán distinto es el enclave que visita del resto del continente asiático, como si de una anomalía se tratase: «Los fluidos que son de esta tierra, / los ríos que sueñan el alma, / pues es cierto: Bali no es Asia. / Indonesia está, queda, en Asia. / El olor que de Bali emana / queda en la tierra, preña el alma». Es, igualmente, en este texto proemial donde se nos muestra la gastronomía exótica propia de la zona y los nombres extraños de sus platos, que nos hacen titubear: «Es el olor de esta isla: / a *warung* de leña quemada, / pinchito de *kakul* o pollo, / bolsa de plástico con sopa, / y sobre hoja de platanero / una ración de arroz, primero»; así como se nos muestran sus costumbres humildes y cálidas a la hora de comer: «Es el honor de esta isla: / reunidos comer en familia, / en el suelo por mejor mesa, / en cuclillas por mejor silla. / La mejor cuchara, la mano, / como la insignia del humano»; y algunas estampas concretas de sus habitantes: «Las muchachas que se acicalan / después de la dura jornada, / luego tomarán la comanda». Estas muchachas autóctonas retratadas están permanentemente dispuestas para la llamada del turista de turno, provocando cierto servilismo que quiebra la armonía del equilibrio natural del ambiente: «Y para el siguiente turista / habrá en el perfil de sus labios / una misma voz atiplada, / la misma perfecta sonrisa, / y la misma tierna mirada». En medio de esta escena, la música folclórica que recorre las calzadas se alterna con la paz y con el silencio y, mediante el sentido del oído, prosigue el hallazgo de lo extraordinario: «Si por África el sol se pone, / en ella el sonido se oye. / Comienza su danza el gamelán. / Y los que oyen escucharán / "Puente sobre aguas turbulentas". / ¿Y cómo va a ser Bali Asia?». Ante esta pregunta que, intencionadamente, nos sacude y nos desconcierta, Hervás Cobo responde, con rotundidad, con un estribillo —casi un mantra— que se repite varias veces en el poema y que nos hipnotiza: «Sí, Bali no es, pero está en Asia».

No tarda, tampoco, el sentido del olfato en manifestarse en composiciones como «El aire», por medio del azufre y del azahar: «Respira sin aire, gotas de aire. / Respira sin aire azufre del mar. / Aire olor aire de Bali azahar»; «Templos de los cielos», por medio de esta interrogación sinestésica: «¿Cuál es el color de tu olor, Ubud, / entre tus calles al amanecer, / entre los arcos de tu juventud?»; o «Verdes pupilas», por medio del amor incumplido y del sexo oscurecido por la negrura de la insinuada prostitución infantil: «Hueles, Ubud, a hilos de amor desmadejado, / suspiro de amante virgen a tus pies rendida / de verde color verde en los troncos enramado». El sentido de la vista, en cambio, se fija en la ausencia del obcecado patriotismo occidental en «Banderas» y en el abanico de posibilidades que este vacío, contrariamente, abre: «En Bali no hay banderas. / Están todas las banderas. / Banderas llenas de lágrimas, / de lágrimas ciudades llenas»; y se fija en este mismo texto en la flora y en la geografía: «Tu forma de pez tu cuerpo. / Tus ojos son los volcanes / y los aromas de tu piel frangipanis. / Geografía secreta de Bali»; la cual va desde los arrozales del comienzo de estas anotaciones: «Las acequias de los arroyos, / que están junto a los arrozales, / son las bañeras de las madres / que, impúdicamente desnudas, / sonríen mostrando sus vergüenzas / mientras asean a sus hijos»; hasta las laderas de Batur, el volcán en activo que se ubica en las calderas concéntricas del monte Agung, y que, con todo, permiten el nacimiento de la belleza floral: «Caían desde Batur lágrimas / sobre las filigranas esenciales, / de aromáticos hilos de arrozales, de Edelweiss, las flores más añoradas». Paralelamente, en «Tres apellidos» se pone el foco sobre la milagrosa arquitectura y el escaso mobiliario de las construcciones: «Pareciera todo un milagro en Bali. / Por su barro, por sus casas y camas. / No hay rajas en las paredes, y sí, / las hay, como hay flores secas, fantasmas, / mujeres, hombres con formas perfectas». Más adelante, el sentido del oído retorna de nuevo al lector para ceder el protagonismo, en esta ocasión, a la fauna nativa, que da cuenta de la tristeza y de la melancolía en sus cantos: «Los grillos *cohetas* hunden sus llantos / por los gritos y ruidos de barrancos, / socavones del camino olvidado»; y que da cuenta de la amenaza y del peligro en su concierto: «Las ranas croaban y los *gekkos* crepitaban. / ¿Acaso también el áspid acechaba?».

Uno de los *loci* relacionados con el viaje que más ha logrado captar la mirada creativa de Agustín Hervás Cobo es el de las religiones, las mitologías, las leyendas y los monumentos de Indonesia. Si bien el 80 % de los indonesios practica oficialmente el islam, lo cierto es que en Bali y en Ubud la mayor parte de la población practica lo que se conoce como hinduismo balinés, mezcla particular de shivaísmo y de budismo, por lo cual se justifica esta exclamación politeísta que pudiera asombrarnos: «Tu fuego, ¡oh ciudad de dioses!, / fuego airoso, fuego verde, / canta una canción de muerte / en lo profundo del olvido». Desde el poema «Elefantes», el dios Ganesha resulta ser la deidad más recurrente del amplio panteón hindú, y llama la atención el hecho de que, aquí, adopte una forma femenina: «En Bali no hay elefantes, / solo está el de su diosa / con brazos y con trompa. // Ganesha, pureza eterna, / y los ojos de tristeza». En el poema «Ganesha» se insiste en el atributo de la trompa, obviando el resto —el hacha, la soga, la flor de loto o el colmillo derecho roto—: «He visto un cielo azul sobre tu trompa, / una lluvia de buganvillas rojas / asidas a los brazos de tus ramas, / dando saltos al juego de la comba». En «Templos de los cielos» se lo increpa directamente a él para darle fe de que ha visto lo mejor y lo peor de su divina abundancia: «De los tilos de tu altitud, Ganesha, / a las quebradas ruinas en tus montes, / salvando del daño de los azotes / los tupidos hilos de la pureza». Más allá de Ganesha, otras deidades que aparecen puntualmente en la obra son Shiva, ser supremo del shivaísmo y dios destructor dentro de la trinidad hinduista que se metamorfosea, a ojos del vate, similarmente en mujer: «Como nacido del agua y del fuego, / como principio de la diosa Shiva, / por estabilidad del Universo / ganada en fertilidad ofrecida, / y por la prosperidad que ganada / a las gentes bienestar dan, y seso»; Dewi Danu —la diosa suprema de la jerarquía Agama Tirta, esto es, el sistema de creencias balinesas sobre la religiosidad y la espiritualidad del agua—, Brahma —el dios creador de la trimurti— y Vishnu —el dios preservador—: «Oh, diosa Dewi Danu, / por la oración te hablo / para la paz que hallo / en rezo a Brahma y Vishnu»; o, finalmente, Dewi Sri, diosa de la fertilidad y del arroz en las islas de Bali, Lombok y Java: «Tu mirada, Dewi Sri, sobre el mundo, / tu luz en las pupilas de la luna / hiriendo así el bosque del inframundo, / transformando belleza en superluna».

En lo tocante a las mitologías y a las leyendas, nos topamos, a través de su danza, con Barong, una criatura de la mitología balinesa con aspecto felino que se presenta como el rey de los espíritus y como el líder de las fuerzas del bien: «Ninguna danza puede dar cordura / al mal de la hipnosis pura / cuando el Barong maligno surca / en su danza la magia oscura»; y con Rangda, su enemiga, la reina de los demonios y la madre de todos los guardianes de los espíritus: «Montas a lomos, sobre turbulentos / vuelos, de amarillos dragones verdes, / enemigos del Rangda virulento». En lo tocante a monumentos, nos topamos, sin embargo, con el templo del agua de Tirta Empul —sito en la ciudad de Tampaksiring— y con el templo y complejo funerario de Gunung Kawi —noreste de Ubud—: «En Tirta Empul perdí el alma, / en Gunung Kawi, mi cuerpo. / Pero no pudo salvarme / el rajá Mayadenawa, / pues me perdí en el infierno. // Es Tampaksiring región de los vientos / donde un pie puso el rey de los lamentos».

En el caso del *Poemario de Ubud*, el itinerario se realiza, aparentemente, en solitario, o al menos el poeta nos escamotea en sus versos dato alguno sobre sus posibles compañeros y compañeras; pero, a cambio, nos ofrece un álbum de personas que se cruzan en su camino y que lo cautivan y lo enamoran, como «La dama de Bedugul», de la que bosqueja una curiosa *descriptio puellae*: «Recogido el pelo en un moño con cresta. / De veinte años y proporciones perfectas: / de redondos ojos rajados y negros, / de carnosos labios, nariz pizpireta»; o «Mentari», una suerte de amor platónico a caballo entre la ficción y la realidad: «Mentari pudo ser tu nombre / y tu cuerpo un nonato poema. / Tu sonrisa de niña libre / entre guiños mis ojos quema»; nuevamente evocada en el soneto «Un sueño», donde sí que se intuye cierto gozo carnal en su rememoración: «Entre mi corazón y tu vertiente, / la mano ardiente y más enamorada / cabalgó azarosa en la madrugada».

Como he adelantado *a priori* al inicio de estas esforzadas líneas proemiales, se da testimonio de la llegada a Ubud: «En Ubud las sombras cambian. / La esperanza, el amor, cambia. / Cambia la ilusión, la ira, / la paciencia, el terror cambia»; y, paralelamente, del diálogo permanente con la urbe, ya sea describiéndola: «En Ubud la lluvia llega en silencio. // Llama a la puerta en silencio la lluvia, / suave lluvia, lluvia suave en tu cara. / Como siempre tu cara moja el alma / y los ojos que miran, más arriba, / hacia arriba de la lluvia en tu cuerpo»; ya sea preguntándole directamente a ella: «¿Cómo llamarías, Ubud, a esta hilaridad? / ¿Cómo podrías morir sobre el cráter del volcán?»; ya sea apelándola en el recuerdo y en la desesperación: «Te busco, Ubud, en sueños de eterna madrugada, / en el parque de las estrellas, toda te llamo, / ¡oh, luna potente!, mil veces enamorada / del onírico abismo y total del tálamo»; o ya sea, en fin, amándola en el momento y en la distancia: «Ubud, es con tinta de arroz tu verbo / profundo, el camino de tu futuro / entre los tallos sobrios del maizal». Se entiende, por consiguiente, que la despedida sea tan desconsoladora para el sujeto lírico y se entiende que, en el último poema del compendio, que sirve, cómo no, de epílogo, la añore y anhele regresar a sus calles y a sus campos: «Soñé, Ubud, que te miraba / y que dormido te hablaba / de tus ojos como espigas, / y de tus blancas mejillas». Y es que, en su aventura por Bali y por Ubud, tal y como confesaba en «Tres apellidos» —título que guarda un claro eco de las tres heridas de Miguel Hernández—, Hervás Cobo fue capaz de remediar los grandes males de la vida y de la sociedad modernas y fue capaz de sanarse en su peregrinación desde el exterior del mundo hacia el interior de sí mismo: «Tres apellidos, tres, cargo en mi espalda: / el del dolor, la angustia y el del llanto. / Tres apellidos esperan milagro: / el del consuelo, el sosiego y la risa, / que es el alivio eterno del espanto». Ojalá consiga curarnos también a nosotros, los lectores y las lectoras de su honesta poesía, el bálsamo de este hermoso viaje y de esta cuidada escritura, tan cansados como necesarios ambos en los tiempos descorazonados que corren. *Semoga perjalananmu menyenangkan.*

Pedro J. Plaza González
Camino de la Dehesa Baja,
Alhaurín el Grande (Málaga),
2 de septiembre de 2023

Bali no es Asia

Noviembre. Arde el sol a las nueve
como el sol de nuestro agosto arde.
El invierno del meridiano
tibieza a nuestro mar le trae.
Aquí la humedad que nos aqueja
la temperatura alta deja.

Cuando salga el sol que nos quema
será el sudor de madrugada
el que, cubriendo nuestro cuerpo,
reclame cerveza, poema,
ternura, canción o balada.

Los fluidos que son de esta tierra,
los ríos que sueñan el alma,
pues es cierto: Bali no es Asia.
Indonesia está, queda, en Asia.
El olor que de Bali emana
queda en la tierra, preña el alma.

Es el olor de esta isla:
a *warung* [1] de leña quemada,
pinchito de *kakul* [2] o pollo,
bolsa de plástico con sopa,
y sobre hoja de platanero
una ración de arroz, primero.

Es el honor de esta isla:
reunidos comer en familia,
en el suelo por mejor mesa,
en cuclillas por mejor silla.
La mejor cuchara, la mano,
como la insignia del humano.

Sí, Bali no es, pero está en Asia.

Las muchachas que se acicalan
después de la dura jornada,
luego tomarán la comanda.

[1] 'Restaurante'.
[2] Especie de caracol.

La sonrisa es una pregunta.
Flirteo, su tierna mirada.
Un consejo para la compra,
la muy dulce voz atiplada.

«No, gracias», es una respuesta
para ellas, de sutiles almas.
Un no es una sonrisa nuestra,
y un futuro, nuestra mirada.

Y para el siguiente turista
habrá en el perfil de sus labios
una misma voz atiplada,
la misma perfecta sonrisa,
y la misma tierna mirada.

Sí, Bali no es, pero está en Asia.

Aquí a la hora en que las *cochetas*[3]
comienzan a quedarse roncas,
los candiles de las miradas
en los ojos de esta gente
alumbran menos que los vatios
de las bombillas que se gastan.

Las acequias de los arroyos,
que están junto a los arrozales,
son las bañeras de las madres
que, impúdicamente desnudas,
sonríen mostrando sus vergüenzas
mientras asean a sus hijos.

[3] Especie de chicharra.

Cuando cae la tarde en la tierra
esta isla nos alimenta sueños
fatuos sobre lejanas fronteras.

Sí, Bali no es, pero está en Asia.

Si por África el sol se pone,
en ella el sonido se oye.
Comienza su danza el gamelán[4].
Y los que oyen escucharán
«Puente sobre aguas turbulentas».
¿Y cómo va a ser Bali Asia?

[4] Agrupación musical tradicional de Indonesia, especialmente en
Bali y en Java.

Banderas

En Bali no hay banderas.
Están todas las banderas.
Banderas llenas de lágrimas,
de lágrimas ciudades llenas.

En Bali hay esperanzas
que llenan todas las ausencias.
No hay correos en Bali
para que fluyan las palabras.

Los *whatsapps* en los móviles
no cargan, no me llegan.
En mi alma siembran quimeras.
En la hoja de mi libro una bandera.

Una lágrima en la oscuridad
mata la luz del fotograma.
Todo el sabor en mi boca a sal
queda en la azotea del paladar.

Ninguna danza puede dar cordura
al mal de la hipnosis pura
cuando el Barong[5] maligno surca
en su danza la magia oscura.

En Bali no hay banderas
para derretir la angustia,
como no hay castillos de arena
para esculpir el alma en pena.
Hay sonidos bajo la lluvia.

Tu forma de pez tu cuerpo.
Tus ojos son los volcanes
y los aromas de tu piel frangipanis[6].
Geografía secreta de Bali.

El secreto de tu corazón, isla,
levita sobre los sueños, isla,
de la tierra a la razón.

[5] Danza que representa la lucha del bien y el mal.
[6] Planta de las regiones tropicales.

En Bali no hay banderas.

Están todas las banderas:

la de la voluntad, bandera;

la pérdida, futuro, bandera;

y la bandera de la densa niebla.

Suenan los gamelanes las bocinas

en los reinos de princesas puras

de ilusión fugaces, capaces

de saberse diosas viudas

en los azules confines de las angosturas.

Sé que no hay banderas en Bali

y que entre todas sus curvas

la vida derrite la soledad que turba.

Tres apellidos

Pareciera todo un milagro en Bali.
Por su barro, por sus casas y camas.
No hay rajas en las paredes, y sí,
las hay, como hay flores secas, fantasmas,
mujeres, hombres con formas perfectas.

Pareciera todo un milagro. Esperas.
En la amanecida ningún borracho.
En las trincheras miles de cervezas.

Los grillos *cochetas* hunden sus llantos
por los gritos y ruidos de barrancos,
socavones del camino olvidado.

Tres apellidos, tres, cargo en mi espalda:
el del dolor, la angustia y el del llanto.
Tres apellidos esperan milagro:
el del consuelo, el sosiego y la risa,
 que es el alivio eterno del espanto.

Territorio de hadas

Hilo de luz que a la noche ilumina
de la fugaz luna que en la altura habita.
Hilo de luz cansado de los faroles
que están en la ciudad que ya dormita.

¡Una sombra! Allá las hojas musitan.
Incierto camino, el andar precipita,
no por miedo en el miedo, por desconcierto,
otras luces había en el sendero.

De repente, el silencio. Más silencio.
¡Y sin motos, y sin luces, y sin ruido!
Paré y miré. Circunspecto fue el espejo
que halló mi duda, entrándome ya el miedo.

¡Oh! De repente, me hallé sin camino;
de repente, las luces enmudecieron;
del arrozal inspiré una suave brisa
perdido en la noche de oscuro inmenso.

Por la poca luz que a mis ojos llegaba
yo los cerraba y los acomodaba,
y, al abrirlos, un fantástico mundo
de diminutas lucecitas brillaba.

Subían, bajaban, en mis oídos zumbaban,
entre mis dedos ellas se colaban.
Las ranas croaban y los *gekkos* [7] crepitaban.
¿Acaso también el áspid acechaba?

[7] Especie de lagarto.

En el trance más exacto del momento
un susurro calmó aquel esperpento.
Sobre la punta de mi nariz parose,
¡oh, no di crédito! ¡Una lucecita!

De arroz su dulce carita,
azules y negros sus ojazos
musitando dulces verbos
como luciérnaga enamorada.

Tuve que zarandear mi cara.
No podía entender qué pasaba.
Quizás era el miedo. Me arrastraba.
¡Pues no! Era territorio de hadas.

Mujer de paja

Me perdí en un arrozal verde
de verde lleno de arroz verde
de luz de sol iluminado,
que mis ojos, tan fulgurante
por brillante, absortos quedaron,
estupefactos, deslumbrados
ojos y mágicos, exactos,
en un perdido mar de monstruos.
Mas lo prudente, no hacer caso.

Otra vez volver sobre mis pasos
para no terminar de perderme
entre las bichas y escarabajos.

Allí te encontré en la luz del templo
del arroz puro, verde, azulado,
con tu sombrero que era de paja,
desnudo torso y tu blanca alma.

Los patos limpiaban la marca.
Las latas, con ritmo sonaban,
por el artilugio espantaban
a aquellas aves que medraban
en el grano que de la tierra
con tal fiereza tú segabas.

Mujer de paja que pisas y guardas,
con sudor, con ruidos, las tres cosechas,
entre el mar de arroz, amor y tu espalda.

La dama de Bedugul[8]

Recogido el pelo en un moño con cresta.
De veinte años y proporciones perfectas:
de redondos ojos rajados y negros,
de carnosos labios, nariz pizpireta.

Líricamente hermosa su boca era
con redonda barbilla la faz entera.
El esbelto cuello que a la espalda planta,
razón, al pecho y cintura, dan estampa.

En campos de fresas su figura anda
con sus caderas de métricas exactas.
Pero sus pies de sutiles proporciones
a sus piernas dan benditas rendiciones.

[8] Población de Bali.

Mentari

Mentari pudo ser tu nombre
y tu cuerpo un nonato poema.
Tu sonrisa de niña libre
entre guiños mis ojos quema.

Tus jabados ojos me miran
escondidos en las filigranas
de tus cabellos negros que aspiran
a ser llantos de mis pavanas.

Mentari, eras como el aire frío
que no calentaron mis entrañas,
porque en el arrozal del río
se quedó mi alborozo entre las cañas.

Tu cuerpo chiquito y rebelde
jamás se amará con el mío,
pues entre el sueño y el suspiro
se romperá la paz a la que aspiro.

Encolerizado contra la brisa,
del arrozal de mujer no nacido,
estoy, pues que no puedo darte vida,
a un nombre, Mentari, puedo dar nido.

Quedo en el fango con los despojos
del arrozal que los patos picotean,
limpiando, Mentari, los abrojos,
para convertir tu nonato nombre
en una rima de un bello poema.

Un sueño

En la noche, el volcán de las estrellas,
besos de ira, Mentari, recordé,
el sabor a saliva que me estrellas,
el profundo beso que enamoré.

El fulgor de tus almendrados ojos
en la pura cúspide de mi esencia,
de amarillo avivó nuestra presencia
envolviendo de abrazos los antojos.

Desde el cuerpo de tu cuello a tu espalda
bajé mis blancas manos a tu vientre
dejando fluir la corriente amada.

Entre mi corazón y tu vertiente,
la mano ardiente y más enamorada
cabalgó azarosa en la madrugada.

Sombras

En Ubud las sombras cambian.

La esperanza, el amor, cambia.

Cambia la ilusión, la ira,

la paciencia, el terror cambia.

En las tardes no son sombras,

del pájaro azul el canto,

y no en el ruido del agua,

y en el verde olor a rosas.

Las tardes cambian de sombras

en sombras que el sol anula

empujando rayos de espuma.

Brillantes tardes en sombra

sobre todos los manantiales

de la ira de los volcanes.

La ira y el miedo no valen
cuando las manos aprietan
los surcos de los arrozales.

Tú asientes y yo te ofrezco,
Ubud, mi corazón desnudo
con mis manos en tu sombra,
sombra del gamelán mudo.

Tu fuego, ciudad de dioses

El fuego, con su blanca espuma, el fuego.
Fuego de la vida, Ubud, que en tu vida
merodea cabellos desairados
copiando la hermosura
de caballos alados.

Tordos caballos tordos
marchitos por la pena
llevando el sol a cuestas.

Los gamelanes tocan viejas canciones rotas.
Los chiquillos lloran despacio sobre tu fuego
corriendo en los charcos de las riberas del río.
Juegan a despedazarse, ¿quién pasa más frío?

Tu fuego, ¡oh ciudad de dioses!,
fuego airoso, fuego verde,
canta una canción de muerte
en lo profundo del olvido.

Elefantes

En Bali no hay elefantes,
solo está el de su diosa
con brazos y con trompa.

Ganesha[9], pureza eterna,
 y los ojos de tristeza.

Ese paquidermo grande
que sobre la tierra andante
tiene mil siglos de historia
en Bali no tiene semblante,
rompiéndose en la memoria.

En Bali no hay elefantes
ni caballeros andantes.

Pero tu tristeza elefante,
lo mismo que la de la diosa,
es tan grande como la del gigante.

[9] Dios hinduista protector de las artes.

Ganesha

He visto un cielo azul sobre tu trompa,
una lluvia de buganvillas rojas
asidas a los brazos de tus ramas,
dando saltos al juego de la comba.

Las risas de tus hijos me derrotan,
las notas de sus llantos me desarman.
Los ojos con que miran siempre anotan
un suspiro en las almas que nos braman.

¡Oh, los pies descalzos sobre tu pecho!
¡Oh, espumas de las brumas derramadas!
¿Quiénes no arrullaron vientos desechos,

buscando tus estructuras amadas,
para morir entre hojas de lamentos,
entre arenas de arroyos codiciadas?

La lluvia

En Ubud la lluvia llega en silencio.

Llama a la puerta en silencio la lluvia,
suave lluvia, lluvia suave en tu cara.
Como siempre tu cara moja el alma
y los ojos que miran, más arriba,
hacia arriba de la lluvia en tu cuerpo.

De azul tu cuerpo que bañado en lluvia,
con las gotas de colores de lluvia
frente al sol, tu desnudo cuerpo, mojan.

En Ubud la lluvia llega en silencio.

Maravillosa lluvia que a la rosa
una suave fragancia da y le imprime,
como del beso cortado, amigable
y dulce, silencia la madrugada.

Al escondite con el sol jugabais
y, de entre los colores de la tarde,
en los besos labios os deleitabais.

En Ubud la lluvia llega en silencio.

La lluvia, siempre la lluvia, es la lluvia
que tan maravillosa por tus finos
cabellos de oro azul y de diamante
a nuestros húmedos cuerpos perfuma
en abrazos limpios de la mañana,
cuando el sol cede su tiempo a la lluvia.

.

Un naranjo

Hay un naranjo abandonado,
de azahar ajado, profanado,
en los arroyos de mis sentidos.

Hay un mercado de sentimientos
suplicando libertad. Ciudad.
Sudas las emociones de tus ancestros
por los caballones del arrozal.

¿Cómo llamarías, Ubud, a esta hilaridad?
¿Cómo podrías morir sobre el cráter del volcán?

Había un naranjo en mi radar,
abandonado, profanado,
de un impulso frenético, ajado.

En el blanco camino del maizal
solo era polvo lo que había en el cristal.

Melancólica Ubud

Voy a volar por todas tus anchuras
a través de un torbellino de viento.
Voy a matar entre tus espesuras
todo ese fuego que me arde por dentro.

En las sinfonías de tus miradas
vuelvo a tus manos esenciales, blancas,
para escuchar, trémulo, los conciertos
de las partituras vírgenes, claras.

Escribes en pentagramas azules
las noches paridas de entre tus almas;
yo, te leo clara en versos de agua.

Ciudad virginal, melancólica
Ubud, me pierdo en tus atardeceres
húmedos andando entre palmerales.

El aire

En esta isla el aire es un olor.

Aire olor a cansancio y sudor.

Aire olor a familia y honor.

Aire olor a otros mundos, amor.

El tiempo sin aire es la muerte.

El aire en la piel, un motín.

El aire en los dedos, tesoro.

El aire en el mar, un volcán.

Respira sin aire, gotas de aire.

Respira sin aire azufre del mar.

Aire olor aire de Bali azahar.

Templos de los cielos

En los sonoros templos de los cielos
abro verdes puertas en tus piscinas
donde cuerpos azules dejan cuitas,
abrazando las aguas de los puertos.

De los tilos de tu altitud, Ganesha,
a las quebradas ruinas en tus montes,
salvando del daño de los azotes
los tupidos hilos de la pureza.

Me pregunto hoy, Ubud, por tus olores.
El recuerdo abstracto de los sabores
que trae a mí el maestro de las flores.

¿Cuál es el color de tu olor, Ubud,
entre tus calles al amanecer,
entre los arcos de tu juventud?

Espíritu de los templos

En Tirta Empul[10] perdí el alma,

en Gunung Kawi[11], mi cuerpo.

Pero no pudo salvarme

el rajá Mayadenawa[12],

pues me perdí en el infierno.

Es Tampaksiring[13] región de los vientos

donde un pie puso el rey de los lamentos.

Ni en esas tumbas funerarias,

de grises lutos revestidas,

ni en las aguas de tus piscinas,

pude limpiarme las heridas.

[10] Templo del Manantial Sagrado.
[11] Templo de los Reyes.
[12] Leyenda de un rey malvado que no permitió el hinduismo.
[13] Ciudad del centro de la isla de Bali.

Pura Ulun Danu Bratan[14]

Como nacido del agua y del fuego,
como principio de la diosa Shiva[15],
por estabilidad del Universo
ganada en fertilidad ofrecida,
y por la prosperidad que ganada
a las gentes bienestar dan, y seso.

Cabeza del lago Lingga Petak[16] es,
templo tan alto, como abeto surges
en el atardecer, de entre las aguas
doradas que la sed al pueblo quita.

Oh, diosa Dewi Danu[17],
por la oración te hablo
para la paz que hallo
en rezo a Brahma[18] y Vishnu[19].

[14] Templo flotante.
[15] [18] [19] Los tres dioses más importantes del hinduismo junto a Brahma y Vishnu.
[16] Lago donde está el templo flotante, también conocido por Bratan.
[17] Diosa de las aguas dulces.

Tu mirada

Tu mirada, Dewi Sri[20], sobre el mundo,
tu luz en las pupilas de la luna
hiriendo así el bosque del inframundo,
transformando belleza en superluna.

De verde intenso cocotal tus ojos,
dorados arrozales tus caricias,
de ansiado amor blancas son tus sonrisas,
privando al ser de sus enojos rojos.

Penetras la inmensidad de este mar.
A la intensidad arrebatas alas
y a los gigantes procuras amarras.

Hoy la luna no será superluna
si no eleva más alta tu hermosura,
Dewi Sri, siendo tú la diosa pura.

[20] Diosa de la fertilidad y del arroz.

El jardín de la tierra roja

Aquí, en el jardín de la tierra roja,
yerma, más espesa y azucarada,
azahar de amarilla y blanca hoja,
el que prendió en olor de apasionada.

Fue mujer, en contenidos silencios,
en altos volcanes, abandonada.
Llaman a la luz de la vida espectros
y llegas derrotada y desolada.

Montas a lomos, sobre turbulentos
vuelos, de amarillos dragones verdes,
enemigos del Rangda[21] virulento.

La paz ha vuelto a estar entre nosotros,
y las inconsistencias que sostienes,
sostienen ya todas tus madrugadas.

[21] Diosa de la curación y la destrucción.

Soy de la tierra

Soy de la tierra, pegado a la tierra,
sobre la tierra con los pies te amo
confirmando mi vida en esta tierra.

Sobre la tierra de tus pies desnudos
tus formas secretas sobre la tierra.
Sobre la tierra tus eternos dedos,

en tus dedos los montes de la tierra
perfilan las uñas en tus meñiques
de tierra, en empeines, puentes de tierra.

Por encima de todo amo tus pies
los días que la tierra grita, tiembla
bajo el suelo de tus talones firmes.

Amo los verbos de tu piel de tierra,
olorosa tierra, esponjosos pies
que añorados entierras en la tierra.

Pido una oración a la madre tierra
y amar tus pies en la cuna de tierra,
entre todos los espacios de tierra.

Al llegar al oasis de la tierra
bebo apasionado beso de agua,
y regar los pies de tu eterna tierra.

Los espantos de Ubud

¿Cómo siembras en sus ojos espantos
frente a todos los templos de este mundo?
¿Qué almas hieren ya nuestros desencantos
en los bronceados cuerpos desnudos?

Aparta la sombra de la tiniebla.
La serpiente morirá en los barrancos
del campo de los elefantes blancos
cuando el sol, en alto, venza la niebla.

De amarillo sol tiñe la espesura
y con tu cegadora ira a los pies,
sobre los rescoldos de la amargura,

ningún lucero subirá tan alto,
tan enorme, como es el de la luna,
cuando el sol no la recorre en su cuna.

Verdes pupilas

Son verdes las pupilas de verdes arrozales
amarilleando el sol el arroz de tu vida.
En los altiplanos de las viñas otoñales
nada busca el astro rey entre la uva exprimida.

Te busco, Ubud, en sueños de eterna madrugada,
en el parque de las estrellas, toda te llamo,
¡oh, luna potente!, mil veces enamorada
del onírico abismo y total del tálamo.

Ya me faltas, y ya tu luz, y tu ardiente sol
no me bastan para prender el azul candil
de mi verde y pura esperanza, y ¡ay, aún no me he ido!

Como soberbio amante encelado yo te busco
entre los arrozales, viñedos, palmerales,
cocoteros verdes asidos a tus estambres.

Espero encontrar la luciérnaga mágica
que ilumine con su mirada todo el amor
que dejo ya prendido en tu tierra asiática,
como rabioso fuego mostrando su candor.

Hubo años en los que siempre te hubiera abrazado,
ahora no puedo porque solo un beso tuyo
iluminaría el intenso gran Universo,
que lejos de tus rojos volcanes has dejado.

Hueles, Ubud, a hilos de amor desmadejado,
suspiro de amante virgen a tus pies rendida
de verde color verde en los troncos enramado.

¿Qué dueño reclamará del viento el caro pago,
con la robada moneda negra del barquero,
el viaje de tus sueños azules sin halago?

Hoy duermes, onírica ciudad de los ancestros,
la magnitud de todos tus elevados sueños.
Mañana, al alba, moriré en paz sobre una pira
del bambú agostado de tus profundos barrancos.
Entonces me entregaré adormecido en tus brazos,
arrullado entre ramas y frutos de güira[22].

(22) Árbol procedente de América.

Mañana olvidaré tu nombre

Mañana olvidaré tu nombre roto
entre sábanas así ensangrentadas.
Ayer, ya te olvidé en los cenagales
de mísera zozobra desairada.

Mañana no pronunciaré tu nombre
porque ayer todas sus letras maté.
Más tarde, en el minuto sexto fue,
las sombras de tristeza iluminé.

Pero ya no estabas en mi memoria.
En la cúpula del templo absoluto
te perdiste los hilos de la aurora
creciendo entre el arrozal impoluto.

Ubud, es con tinta de arroz tu verbo
profundo, el camino de tu futuro
entre los tallos sobrios del maizal.

Susúrrame entre los hondos barrancos,
hundidos en el otoño, una historia
de eterno amor. Poder recuperar

entre las entrañas toda la tierra.
Lejos todos mis absortos insomnios,
y morir entre las yedras del mar.

Ya queda tu memoria así, ahogada,
entre papayas de dulce esperanza,
besando las almas desconsoladas,

buceando en tus cenagosas aguas,
la boca perdida de besos rotos,
entre todos, brazos de tus abrojos.

Lágrimas desde Batur

Caían desde Batur[23] lágrimas
sobre las filigranas esenciales,
de aromáticos hilos de arrozales,
de Edelweiss[24], las flores más añoradas.

Allá donde se pierde tu mirada
he visto las estrellas más hermosas,
más fulgurantes, y tan luminosas
que siento tu visita enamorada.

Los ojos que tu volcán despedían,
lava y miel, agua y barro, que tus manos
ya de virgen cansada derretían.

Tu ascensión hacia las nubes del mundo
pusieron en mí tu mirada, Ubud,
para devolverte el único beso.

[23] Volcán activo en Bali.
[24] Flor de las nieves.

Cierra los párpados de tu dulzura.
Alimenta de gloria mis alientos
sobre todos los maizales de vida
que contienen tus ardorosos vientos.

Recorro bastas veredas de muerte
y verte, llegada a mí arrodillada
y ululante en esta amorosa noche
en la que el colibrí tu espalda esculpe.

Exultante tu nombre en mis oídos,
Ubud te llamas, y yo te respeto
sobre los manglares del Universo.

No pido, ciudad eterna, poemas
de amor en mi pecho desconsolado,
solo delirios sobre las espumas.

Lo poco que queda de ti en mis ojos
no es más que el arrullo de tu mirada,
y sí, tu etérea y sinuosa sonrisa
sobre el haz de tus dorados sonrojos.

Tú, traicionera amante redimiendo
el sueño de tus excelsas palmeras,
donde anidan enigmáticas grullas,
mientras el hilo del camino espero.

Después del ocaso donde la noche
más oscura convulsiona tu luz,
me adornas con tus ojos de pureza

para que vaya en busca de la muerte,
sobre el volcán, ombligo de tu esencia,
tras un loco caballo de serpiente.

Contempla mis manos ensangrentadas
de arañar paredes esperanzadas.
Vuelvo sobre ti mi desesperanza
a recoger esencias abrazadas.

Acoge este mi espíritu hilarante
entre tus enigmáticos ancestros,
después veré buscar sobre tu vientre,
romper mi agonía con los acentos.

Mil pedazos hice, casas de fuego,
en mil trozos las del odiado amor
para no albergar en mí el desconsuelo.

No fui la llama de luz de tu incienso,
ni palmito del intenso momento,
¡déjame matar este sufrimiento!

La nostalgia

Rompen con tus ojos de este mar las olas
en rayos arrojos de tu sol preñados
de una luz de antojos teñidas las manos
como haz de amapolas.

En ti vuelto el cielo, en ti tierra fuerte,
roto has con anhelo de oro las cadenas
contra el mismo cielo que al cielo revelas
de cara la suerte.

El azul marino de este cielo y tierra
vuelto marrasquino deja a este mar solo
con todo el destino que ahora acrisolo
nacido en la guerra.

Anoche, Ubud, te soñé

Soñé que se caían las estrellas
soñando que soñé anoche contigo,
que las lágrimas eran ya centellas
sobre un mar yermo, gris, seco, furtivo.

Los fuegos reventaban los cometas
del terror, soñando anoche contigo,
en tu alto deseo que de mí esperas,
que de tu llanto sea fugitivo.

Soñando anoche que estando contigo,
soñaba lágrimas de las estrellas
y soñé que tú llorabas conmigo.

Soñaba que con las plantas hablaba,
con los luceros, mares y los ríos,
y te soñé hasta que caí dormido.

Anoche, Ubud, te soñé

Soñé, Ubud, que te miraba
y que dormido te hablaba
de tus ojos como espigas,
y de tus blancas mejillas.

De tu montaña, de tu harina blanca,
y de tu ajada chaqueta naranja.
Del olor que de tu corazón ocre
el río que por tus quebradas rompe.

Anoche soñé contigo
en la hierba y en el trigo,
y en el ocre de tus labios
dejé mi beso de amigo.

.

.

ÍNDICE

Número 7 de la
Colección Dabisse Romero
bajo el cuidado de
Isabel Romero
directora de la colección.
Se acabó de imprimir en Málaga,
en el mes de enero del año 2024,
bajo el sello editorial de **Anáfora**.